AF290111

PARLER EN PUBLIC ET CAPTIVER SON AUDITOIRE

Techniques et astuces pour des prises de parole réussies

Par Nicolas Martin

PARLER EN PUBLIC ET CAPTIVER SON AUDITOIRE

- **Problématique ?** Comment gérer son appréhension et surmonter son stress pour s'exprimer avec succès en public ?
- **Utilité ?** Impossible d'échapper à une prise de parole en public dans le monde professionnel. Quelle que soit la forme de l'intervention, gérer son stress pour développer et renforcer ses qualités d'orateur en toutes circonstances ne peuvent être qu'un avantage.
- **Contexte professionnel ?** Recherche d'emploi (entretiens, entretiens de groupe), présentations en interne (d'un projet, d'un service, d'objectifs, de résultats, de comptes rendus de réunion), interventions professionnelles (conférences, séminaires, formations, salons, présentations à l'université/école).

- **FAQ ?**
  - <u>Pourquoi a-t-on peur de s'exprimer en public ?</u>
  - <u>Quels exercices pratiques aident à surmonter son stress ?</u>
  - <u>Comment bien préparer son intervention ?</u>
  - <u>Quelles sont les erreurs à ne pas commettre ?</u>
  - <u>Que faire si je perds le fil de ma présentation ?</u>
  - <u>Comment garder son sang-froid face à une question piège ?</u>
  - <u>Faut-il avoir peur des silences ?</u>
  - <u>Une présentation PowerPoint est-elle toujours nécessaire ?</u>

Chaque intervention devant un public plus ou moins nombreux est différente, dans la mesure où le public lui-même n'est jamais identique. Le thème abordé varie également, et, à moins d'être un expert de la thématique dont il est question, il peut également être source d'angoisses. Mais à cela viennent s'ajouter d'autres paramètres extérieurs comme le temps de préparation, le lieu de la présentation ou encore des événements personnels qui peuvent venir perturber le meilleur des orateurs.

Mais alors, sommes-nous condamnés à toujours vivre cet exercice comme quelque chose de laborieux ? Car si le meilleur des orateurs ne parvient pas à maîtriser l'ensemble des paramètres qui font qu'une prise de parole en public est réussie, qu'advient-il de nous autres, communs des mortels ? Sommes-nous réduits à appréhender perpétuellement cette prise de parole ? Ou pire alors, une fois passée cette appréhension de l'intervention, sommes-nous inévitablement coincés dans ce cercle vicieux dont on ne peut s'extraire, puisqu'il est impossible de prendre totalement le contrôle de la situation ?

Voilà ici un triste raisonnement ! Car s'il nous est impossible de tout maîtriser pour nous épargner ce stress, il est pourtant facile de réduire ce dernier substantiellement grâce à des méthodes et à des exercices accessibles à tous, à condition d'être prêt à accompagner ce changement dans toutes les dimensions qu'il revêt.

Comme il s'agit d'un processus qui s'opère tout au long de la vie, du fait de son caractère subjectif et évolutif, il vous est nécessaire de désacraliser cet exercice en découvrant et en vous appropriant personnellement des pistes de réflexion, des méthodes et des conseils qui vous feront prendre conscience que prendre la parole en public ne signifie pas signer son arrêt de mort. Ce n'est qu'une question de temps avant que vous ne ressentiez plus que de l'excitation à l'idée de la prochaine prise de parole en public.

« Depuis mon enfance, je me suis à maintes reprises retrouvée sur le devant de la scène : d'abord entourée de dizaines d'autres personnes lors de galas de danse, j'ai ensuite rapidement rejoint un groupe de musique et pris place derrière un micro à l'occasion de divers concerts. Le stress, bien que présent, me portait et ne semblait pas me paralyser.

Malgré une exposition relativement fréquente au public, l'exercice de la prise de parole devant un groupe s'est pourtant toujours avéré difficile et périlleux. Nœud dans le ventre pendant les instants (parfois les heures) décisifs qui précèdent l'intervention, et très vite, dès les premières phrases, des rougeurs sur les joues, qui s'étendent bientôt au reste du visage. Impossibles à occulter de par la forte sensation de chaleur qui les accompagnent. En plus de me faire sentir parfaitement ridicule, elles perturbent ma concentration et rendent l'exercice insurmontable. N'étant pas quelqu'un de fondamentalement timide, je ne parviens pas à comprendre ce qui peut me mettre dans de tels états.

C'est finalement dans la musique que j'ai trouvé ma réponse : ce qui m'effraie est, en réalité, l'improvisation. De la même façon que j'étais incapable d'inventer des paroles pendant un bœuf musical, j'ai beaucoup de mal à répondre à une question non anticipée lors d'une présentation, et de manière générale, à sortir du cadre que je me suis fixée en m'aventurant sur des pentes glissantes.

Le stress lié à la difficulté d'improviser immédiatement face à une réaction non anticipée est encore aujourd'hui un frein dont je fais l'expérience dans le cadre de ma vie professionnelle. En tant que chargée de diffusion pour une compagnie artistique, ma mission principale consiste à appeler des programmateurs sollicités des dizaines de fois par jour pour les convaincre de programmer plusieurs de mes spectacles. Être capable de parfaitement présenter un spectacle (que je n'ai parfois pas vu) et de répondre à tous les éventuels barrages et objections n'est pas encore devenu un aspect de mon métier que je maîtrise totalement.

Cependant, la prise de parole ayant fait partie intégrante de mes études, et faisant désormais également partie de ma vie professionnelle, j'ai appris à les contourner, à défaut de les

résoudre. »
Témoignage d'Anne Rouchouse (chargée de diffusion dans le secteur culturel)

B.A.-BA DE L'ORATEUR CONFIANT

Nul besoin de chiffres précis pour se rendre compte du nombre important de personnes souffrant de cette phobie. La peur de parler en public, ou la « glossophobie » – du grec [*glossa*] « la langue » et [*phobos*] « la peur » –, est une des peurs les plus communément partagées. En effet, au moins trois personnes sur quatre éprouveraient de l'anxiété à l'idée de parler devant un groupe. Autrement dit, la plupart des personnes qui se tiennent devant vous lors de l'une de vos présentations seraient tout aussi stressées à votre place. Si cela peut rassurer dans un premier temps, c'est malheureusement loin d'être suffisant pour surmonter l'« insurmontable ».

Vaincre votre peur de parler en public et délivrer une présentation dynamique et maîtrisée sur tous les plans sont les résultats d'un long processus. Vous ne pourrez en effet que rarement vous reposer sur vos acquis, chaque présentation étant différente. Il n'en demeure pas moins que vous parviendrez à développer une méthode et des astuces, que vous pourrez ensuite vous approprier et adapter au fil de vos présentations et en fonction des circonstances.

LES PRÉMICES, POUR SE POSER TOUTES LES QUESTIONS

Première étape : le brainstorming

Le *brainstorming*, ou « remue-méninges », est une technique fréquemment utilisée dans le monde professionnel car elle présente des avantages indéniables. Dans le cadre de la préparation d'une prise de parole en public, dont vous êtes le protagoniste, cette technique peut être utile pour lister tout ce que vous n'appréciez pas personnellement ainsi que tout ce qui capte votre attention lors d'une présentation.

Cette réflexion doit précéder toute initiative de présentation ; elle a lieu avant même de fixer les objectifs d'une présentation à réaliser, car une fois immergé dans un sujet spécifique, vous risquez de perdre ce recul qui vous permettait plus tôt de penser la structure idéale pour un discours convaincant quel qu'en soit la thématique. Il ne s'agit donc pas ici d'articuler l'exercice autour d'une présentation en particulier, mais bien de trouver une méthodologie pour toute future prise de parole. Les objectifs du brainstorming sont :

- d'une part, que vous vous détachiez d'un cadre trop rigide pour laisser votre réflexion se porter sur des éléments qui paraissent moins pertinents au premier abord ;
- d'autre part, que, dès les premières étapes du processus de préparation, vous soyez serein et partiez du bon pied pour combattre le plus tôt possible et progressivement votre stress et votre appréhension.

Fort de vos observations, vous devriez percevoir un peu plus clairement l'allure (la forme) que pourrait prendre votre future intervention. Et comme une présentation réussie relève de l'alliance harmonieuse entre la forme et le fond, il vous est également possible d'appliquer cette technique au contenu. C'est alors à vous de juger de son utilité en fonction des connaissances que vous possédez déjà sur le sujet et de ce dont vous avez besoin.

Pour ceux qui seraient de nature très anxieuse, prenez le temps de réaliser ce brainstorming également pour le fond. Avoir un aperçu d'entrée de jeu de vos connaissances sur le sujet à traiter – est-ce que cela me demande des recherches complémentaires pour maîtriser le sujet ? –, vous permettra, encore une fois, de poursuivre votre combat contre le stress en ciblant directement ses sources potentielles. En effet lors d'une prise de parole, une grande partie du stress provient du fait que l'on maîtrise parfois mal certains éléments et que l'on redoute que cela soit découvert le jour J. Nous conseillons donc de balayer large pour gagner en sérénité !

Deuxième étape : la fixation d'un cadre

Avant de commencer votre immersion au cœur de la préparation de votre prise de parole, il est nécessaire que vous vous posiez quelques questions préliminaires (liste non exhaustive).

- **À quel type de public vais-je être confronté(e) ?** L'important est de savoir s'il s'agit d'un public homogène ou hétérogène, formé d'experts ou de novices, ainsi que de déterminer ses attentes.
- **Quel est l'objectif général de mon intervention ?** Informer ? Former ? Convaincre ? Persuader ? Divertir ?
- **Quels en sont les sous-objectifs ?** Vous pouvez en formuler jusqu'à trois. Ils découlent de l'objectif général, mais sont plus précis, souvent quantifiables. Par exemple, la plupart des personnes (3/4 des participants) doivent repartir de la réunion en sachant se servir de la nouvelle interface de l'intranet.
- **De quel(s) moyen(s) disposé-je pour atteindre ces objectifs ?** Ils peuvent être matériels comme immatériels : votre expertise, votre capacité à expliquer ou à répondre pertinemment à une question, etc.

- **Quels sont mes atouts pour cette intervention ?** N'hésitez pas à vous auto-coacher et à
mettre en avant vos qualités.

<u>**PETIT PLUS**</u>

Beaucoup trop de personnes ont tendance
à se dénigrer et à vivre l'exercice de la prise
de parole comme une fatalité, surtout s'il
leur est imposé. Réfléchir à ses qualités leur
permettrait pourtant de contrecarrer ce
dénigrement systématique et de se placer
dans la dynamique inverse, celle de l'« au-
to-apologie » et de la pleine conscience de
ses capacités.

Appréhender une présentation

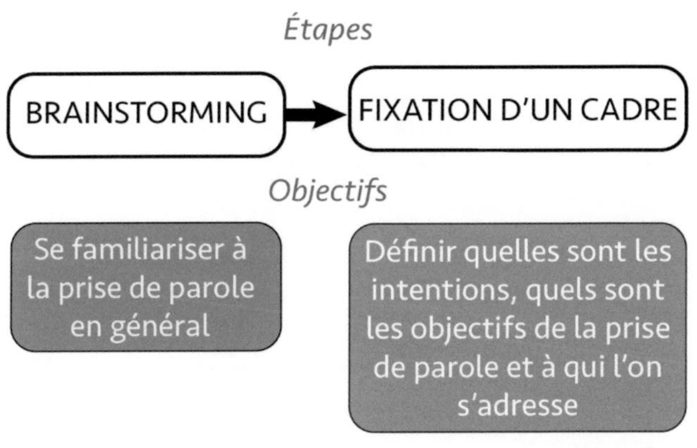

LA PRÉPARATION, POUR MAÎTRISER L'INTÉGRALITÉ DE SON INTERVENTION

La préparation doit être au centre de vos préoccupations. Les coachs personnels et les experts sur le sujet vous le diront : plus des trois quarts de votre réussite résident dans votre capacité à bien vous préparer. Et au même titre que les questions préliminaires, il s'agit de travailler aussi bien le fond que la forme.

Le fond

Vous avez déjà pu réfléchir au contenu de votre intervention grâce au brainstorming en amont. À présent, simplifiez-vous le travail en tenant compte de trois éléments-clés :

- la recherche des informations qui vous échappent encore ;
- l'agencement des idées via l'élaboration d'un plan clair afin de délivrer un message précis, percutant et professionnel ;
- la rédaction d'une partie ou de l'intégralité de votre discours, qui fera office de « partition » lors des répétitions.

ASTUCE SPÉCIAL ANXIEUX

Rédigez entièrement votre discours dans un premier temps. Cela vous permettra de poser vos propres mots sur les idées que vous désirez développer, afin de vous approprier la problématique, tout en poursuivant votre lutte contre le stress.

Si vous comptez vous appuyer sur une présentation PowerPoint le jour J, profitez de l'occasion pour l'entamer. Mais attention à ne pas griller les étapes ! Il est préférable de commencer par compléter les diapositives uniquement. La mise en forme viendra par la suite. Travaillez donc sur des fonds blancs dans un premier temps.

La forme

Une fois que le travail sur le fond est déjà bien avancé, il est temps de penser à la forme que vous allez donner à vos idées. Reprenez votre plan réalisé au préalable pour jongler facilement entre les rubriques de votre présentation.

À ce stade, il vous faut reprendre ce que vous avez mis sur papier lors de votre brainstorming et l'adapter à un style oral. Car, ne vous méprenez pas, votre style, aussi bon soit-il à l'écrit, paraîtra inévitablement plus lourd et moins naturel à l'oral. Travaillez donc particulièrement cet aspect pour ne pas risquer de perdre l'attention de votre auditoire.

ADAPTER SON DISCOURS

Si le recours à un jargon technique peut vous rassurer, ne commettez surtout pas l'erreur de croire que votre auditoire est composé d'experts en la matière. Veillez dès lors à simplifier le sujet que vous traitez, quitte à vulgariser certaines informations si nécessaire.

Utilisez des métaphores adaptées à votre public, autant que possible. Si vous êtes chargé de présenter un projet plus complexe ou un changement technique, n'hésitez pas à illustrer vos propos avec des comparaisons claires qui parlent à tous.

Cette impératif lié à la langue vous demandera à la fois de l'ouverture d'esprit et du temps. À côté de cela, la recherche d'informations et l'agencement des idées ne représentent en principe qu'une petite partie de votre temps.

Travaillez une fois encore de façon méthodique :

- rubrique après rubrique, dans l'ordre du déroulement de votre présentation ;
- vos supports, comme votre présentation PowerPoint si vous avez décidé d'en réaliser une.

Simulation

Afin de mieux visualiser le passage de vos propos de l'écrit à un style plus oral, voici un exemple portant sur la présentation de préconisations concernant l'action culturelle de la France dans le monde dans le but de retrouver son dynamisme et son rayonnement culturel.

- **Discours écrit :**

  « Si la France souhaite retrouver un rayonnement culturel comparable à celui du siècle dernier, son action culturelle extérieure a besoin d'être axée sur une stratégie en trois temps, menés de façon simultanée et non pas dissociés les uns des autres.

En effet, il est nécessaire que la France réussisse d'une part à stabiliser son réseau culturel déployé à l'étranger, mais aussi présent à l'intérieur de l'Hexagone, les réformes entreprises à son égard tant au niveau qualitatif que quantitatif, de même qu'il est essentiel de procéder à une évaluation de l'image de l'action culturelle à l'étranger afin d'en comprendre les différentes perceptions, sans oublier de résoudre les problématiques qui continuent d'affecter le réseau en interne.

D'autre part, le réseau doit en parallèle mener une politique de valorisation des domaines d'action-clés en les rendant prioritaires dans certaines zones géographiques. Il est question notamment des secteurs cinématographique, musical ainsi que littéraire, comprenant les livres et écrits.

Enfin, pour compléter cette stratégie sur trois fronts, la France se doit d'affirmer le virage opéré dans sa politique culturelle, à savoir les dimensions interculturelle et interdisciplinaire de son action à l'étranger. Qu'il s'agisse de festivals en Amérique Latine, de l'accueil des artistes et des cultures étrangères sur le territoire national, de la défense de causes culturelles telles que le patrimoine international en Syrie ou au Mali, ou encore la défense de peuples menacés comme celui des Ouïgours. La France pourrait positionner son action dans une dynamique de coopération culturelle à double sens et ainsi retrouver une certaine influence mondiale. »

- Les trois éléments essentiels sont visiblement bien distincts à l'écrit à travers les trois paragraphes. Or, ces trois paragraphes vont avoir besoin de davantage de visibilité à l'oral.
- **Discours oral :**

> « Trois préconisations sont à émettre dans le cadre de l'action culturelle extérieure de la France. Si le pays veut retrouver une certaine influence mondiale au niveau culturel, la diplomatie culturelle française doit premièrement se stabiliser (besoin de stabilisation), au niveau de son réseau, de la nature et du rythme des réformes, de la prise de conscience de son image actuelle et de la résolution des problématiques internes. Elle devra ensuite revaloriser (besoin de revalorisation) certains domaines d'action en particulier, tels que le cinéma, la musique, les livres et les écrits, et enfin affirmer (besoin d'affirmation) davantage sa politique culturelle et interdisciplinaire (par exemple : festival en Amérique Latine + accueil artistes et cultures étrangères + défense causes culturelles, cf. Syrie et Mali + défense de peuples menacés, cf. peuple ouïgour). »

- Les mots utilisés sont plus génériques et la structure des phrases plus simple, alors que l'emploi de répétitions comme « besoin de » permet de mettre en relief les trois mots-clés sur lesquels on cherche à fixer l'attention de l'auditoire : « stabilisation », « valorisation » et « affirmation ». L'élocution de ces trois mots-clés peut s'accompagner d'une gestuelle qui pousse le public à porter son regard sur la schématisation du PowerPoint.

Modélisation sur *PowerPoint* :

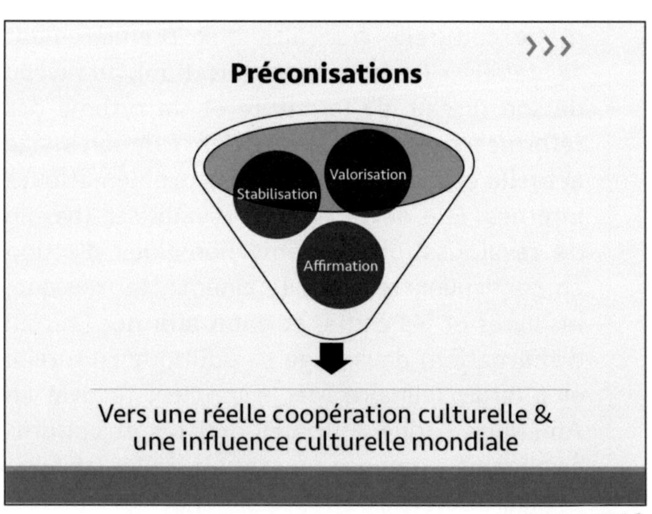

- La diapositive est épurée, sans surcharge de texte. Les mots-clés apparaissent distinctement et sont mis en scène dans un schéma qui permet de comprendre la relation entre les idées. Nul besoin de faire figurer les exemples qui vont venir étoffer votre discours à l'oral et expliciter les mots-clés.

Pour garder l'attention de votre auditoire tout en maniant votre présentation PowerPoint, veillez à ne pas écrire des phrases complètes sur celui-ci et à les lire. D'où la nécessité d'utiliser uniquement des mots-clés, des expressions et des schématisations d'idées afin que votre public participe activement et fasse l'effort de comprendre les liens entre vos propos et votre support.

L'entraînement ou les répétitions

Maintenant que sont rassemblés tous les éléments, vous pouvez vous lancer dans les répétitions de la présentation avec plus de sérénité et de maîtrise. Période d'ajustements par excellence, ce temps est destiné à faire concorder le fond et la forme.

S'entraîner demande un certain abandon de soi, car il faut laisser se dérouler les choses de façon naturelle et logique. Les idées, que vous pensiez enchaîner d'une certaine manière, gagneront peut-être en clarté si vous les présentiez autrement. Le recours à vos supports peut également poser question. Est-ce que votre PowerPoint améliore la compréhension de votre discours ? Ne rend-il pas les choses plus compliquées que ce qu'elles ne sont en réalité ?

Ce moment, qui se rapproche certes de la prise de parole en question, mérite toute votre attention, car soyez certain qu'il vous faudra encore ajuster de nombreux passages de la présentation. Consacrez-y donc autant de temps que pour le travail de la forme pour la simple et bonne raison qu'il s'agit de sa continuité, et exercez-vous devant des auditoires différents pour parer à toutes les éventualités !

- Tout seul, afin d'ajuster votre discours et vos diapositives, et offrir à votre auditoire un discours cohérent, précis et professionnel.

- Devant une ou deux personnes que vous connaissez, pour tester votre gestuelle, votre magnétisme et la clarté de vos propos.
- Devant une ou deux personnes de même type que celles qui composeront votre public le jour J, pour tout aspect plus technique et pour vous préparer, entre autres, aux questions auxquelles vous n'aviez pas pensé.

Grâce à ces exercices de mise en situation, vous bénéficierez d'un retour direct de la part de vos « cobayes ». À vous maintenant de rectifier le tir et de peaufiner certains détails ! De plus, à force de répéter votre présentation différemment, vous en maîtriserez son contenu sans trop d'efforts et vous disposerez de plus de temps pour ce que vous appréhendez le plus : la confrontation avec le regard de votre auditoire.

Préparer une présentation

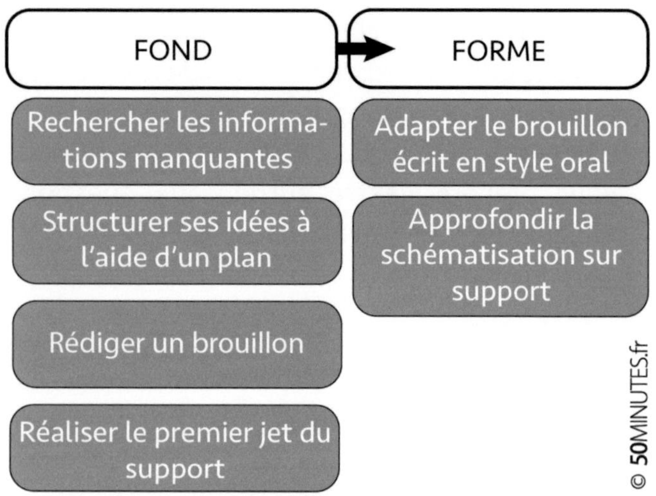

LADITE PRÉSENTATION, POUR MIEUX GÉRER SON DÉROULEMENT

Le jour J approche à grand pas. Vous avez eu le temps de vous entraîner et maîtrisez votre sujet, votre présentation PowerPoint, votre discours et la façon de le délivrer. Pourtant, vous continuez de ressentir ce stress rien qu'à l'idée de vous imaginer devant le reste de la salle. Ne paniquez pas et prenez le temps de vous détendre grâce à quelques exercices.

Avant la présentation, des exercices de respiration

Afin de réduire votre stress juste avant de vous lancer, vous pouvez effectuer quelques exercices de respiration simples qui ne vous prendront que quelques minutes.

- **La respiration en carré ou en quatre temps :** comptez jusqu'à 4 en inspirant, retenez votre respiration pendant 4 autres secondes, puis expirez en comptant jusqu'à 4 et bloquez à nouveau votre respiration pendant 4 secondes. Vous pouvez reproduire ce cycle pendant une dizaine de minutes pour vous permettre de réguler votre respiration et les battements de votre cœur.
- **La respiration en mouvement :** autorisez-vous une petite promenade durant laquelle vous vous concentrez sur votre respiration en inspirant par le nez avant d'expirer par la bouche durant toute la durée. Vous pouvez faire le tour du pâté de maisons, d'un bâtiment, en fonction de votre environnement.

- **La respiration libératrice** : inspirez profondément et expirez tout en jetant vos bras vers le sol en même temps. Le fait de projeter vos bras vers le sol peut avoir un côté libérateur, comme si vous vous débarrassiez du stress et de l'appréhension en les jetant par terre. N'hésitez pas à vous isoler pour réaliser cet exercice !

Pendant la présentation, des points à garder en tête

La présentation commence. Vous avez fait quelques exercices pour ralentir votre rythme cardiaque et il est maintenant temps de vous lancer.

Si vous en avez la possibilité, échangez quelques mots avec une personne que vous connaissez jusqu'à ce que vous deviez entamer votre prise de parole. Le but de la manœuvre est de détourner votre attention de l'intervention imminente, de vous faire penser à autre chose pour éviter d'anéantir les exercices de relaxation. Vu la préparation que vous avez effectuée en amont, il n'y a aucune raison de se stresser quelques minutes avant le début !

Pendant votre présentation, essayez autant que faire se peut de :

- soigner la cohérence globale, car les changements, quels que soient leur nature, peuvent perturber le public et détourner son attention du discours ;
- prendre le temps de respirer ;
- contrôler votre débit de parole ;
- garder une bouteille d'eau à portée de main ;
- ne pas avoir peur d'un silence de quelques secondes ;
- ne pas rester statique ;
- rester optimiste et positif.

À ÉVITER

Évitez de fuir du regard ou de regarder dans le vide. Tout le monde a déjà essayé ces techniques qui n'ont d'autres effets que de porter l'attention de votre auditoire sur votre anxiété. Essayez plutôt de vous intéresser à votre public, en demandant par exemple au préalable la liste des participants ou en vous renseignant sur le profil de quelques personnes présentes lors votre intervention.

Les imprévus, vers un éventuel long travail sur soi

Si durant la phase de préparation les imprévus constituaient déjà une source de stress, par anticipation des questions, des réactions ou des aléas, il en va de même lors de la présentation. Certains, maîtrisant sur le bout des doigts leur présentation, ne se sentiront pas submergés par une question inopinée ou une remarque inatten-due, alors que d'autres peuvent perdre tous leurs moyens. Si vous faites partie de la seconde ca-tégorie, sachez qu'apprendre à mieux réagir face aux imprévus est un travail de longue haleine et que tout ne changera pas en une présentation. C'est justement par la pratique que vous pourrez appliquer certaines techniques et ainsi mieux gérer ces imprévus.

De manière générale, pour amorcer une intros-pection sur vous-même en vue de mieux réagir face à l'imprévu, vous devrez apprendre à :

- gérer vos émotions et par conséquent, à bien vous connaître ;
- faire preuve d'adaptabilité et de flexibilité ;
- relativiser et à rester optimiste.

Si toute préparation en amont d'une intervention en public est une bonne chose en soi, elle peut également vous rendre hermétique aux imprévus et, de ce fait, moins naturel et ouvert à la discussion. C'est pour cette raison qu'il est préférable de garder en tête dès le début que vous ne maîtriserez pas certaines choses, et d'optimiser ce gain de temps en travaillant davantage sur la gestion de vos réactions dans des situations inattendues. Vous gagnerez en confiance et en sérénité.

> Suite et fin du témoignage d'Anne Rouchouse (chargée de diffusion dans le secteur culturel)
>
> « Je prépare désormais, en amont et autant que faire se peut, une potentielle future prise de parole, afin d'avoir le temps d'explorer et de m'imprégner de mon sujet au-delà de ce que je vais effectivement traiter. Assimiler des informations touchant de près ou de loin à mon sujet me procure légitimité et sérénité le moment venu.
>
> Je dresse un plan détaillé de l'entretien tel que je l'imagine, puis rédige l'intégralité de ce que je compte dire, pour ensuite l'apprendre pratiquement par cœur. Bien sûr, la première trame dressée est retouchée plusieurs fois durant l'entraînement à l'oral. C'est la version retravaillée

que j'apprendrai jusqu'à la savoir par cœur.

Étant une personne mémorisant particulièrement bien l'information par la lecture, le fait de travailler sur ma trame pour l'adapter à l'oral, de la relire et de la corriger à l'écrit m'aide beaucoup à l'apprendre. Il me faut donc par la suite relativement peu de répétitions pour la connaître.

Je me chronomètre, même si le temps imparti n'est pas limité. Je trouve rassurant de maîtriser le facteur temps, même si nous avons tendance à nous exprimer à vitesse différente lors d'une véritable prise de parole.

La veille de la prise de parole, je m'entraîne juste avant de me coucher, car j'ai vraiment l'impression que « dormir dessus » est efficace !

Je me dégage du temps pour avoir l'occasion de répéter ma présentation peu avant l'heure fatidique. Si tout se passe bien, je me sens en confiance et la plupart de mon stress s'évacue. Dans le cas contraire, je prends conscience des passages qui me semblent encore difficiles, pour mieux les aborder au moment de la présentation.

Lors de la présentation, je garde avec moi mes notes dans leur intégralité (et non pas un simple plan). Même si, le plus souvent, je n'en ai pas besoin, le simple fait de savoir que je peux retrouver n'importe quelle idée de ma présentation me rassure beaucoup.

Enfin, je cherche toujours un soutien oculaire

dans la salle, sans oublier de balayer du regard cette dernière régulièrement pour encourager l'attention du public. »

TOP 10 CONSEILS

1. Posez-vous les bonnes questions avant de vous lancer dans la préparation de votre intervention. À quel genre de public allez-vous vous adresser ? Quel est l'objectif de votre intervention ? Autant de questions qui vous guideront efficacement dans votre préparation et vous permettront de gagner du temps pour vos entraînements à venir.
2. Faites des exercices de respiration. De la préparation jusqu'au moment de vous lancer, prenez le temps de bien respirer grâce à des exercices simples. Certaines pratiques théâtrales sont très utiles pour contrôler votre rythme cardiaque et « relâcher les ondes négatives ».
3. Assurez-vous d'apporter un soin particulier au début de votre intervention. Bien démarrer vous permettra d'avoir davantage confiance en vous pour la suite. Préparez une accroche ou une introduction originale. Une anecdote teintée d'humour est souvent un bon moyen de briser la glace.

4. Évitez, autant que possible, de rédiger entièrement votre intervention et surtout ne
   lisez pas vos notes lors de la prise de parole.
   Pensez spontanéité et naturel !
5. Entraînez-vous autant que faire se peut. Plus
   vous prenez le temps de répéter, mieux vous
   maîtriserez votre intervention et plus vous
   vous sentirez à l'aise le moment venu. La
   pratique permet d'atténuer substantiellement le stress.
6. Ne focalisez pas votre attention sur l'image
   que vous pourriez renvoyer. Focalisez-vous
   plutôt sur la cohérence entre votre gestuelle
   corporelle et votre discours. Il ne faut surtout pas que votre attitude soit en contra-
   diction avec ce que vous dites.
7. Soyez à l'écoute de votre public et faites
   preuve de flexibilité. Vous ne pouvez pas
   prévoir son implication, mais vous pouvez
   vous corriger, à condition d'être bien préparé
   et d'être à l'aise avec le sujet.
8. Ne vous laissez pas perturber par des
   éléments externes. Encore une fois, il res-
   tera toujours des inconnues que vous ne
   maîtriserez pas. En revanche, vous pouvez
   maîtriser vos réactions et garder le sourire

et le même dynamisme malgré les imprévus. Restez constant.

9. Adoptez la bonne posture en vous tenant droit. Si cela peut sembler sans importance, des études ont montré que se tenir droit permettait non seulement de réduire l'anxiété et le stress, mais aussi de donner plus d'assurance et d'énergie, sans oublier une meilleure respiration, primordiale surtout si l'on doit parler plus de 30 minutes.

10. Ne vous reposez pas sur vos supports, car ils ne sont que des outils. Si vous vous appuyez sur une présentation PowerPoint, ne surchargez pas les diapositives, simplifiez-les. Le but est seulement d'aider votre public à suivre le déroulement de l'intervention et de retenir les informations en quelques mots-clés. Vous devez rester le centre de la présentation.

« Parler en public, ça se travaille. » Voici donc quelques conseils issus de l'observation et de la pratique de la prise de parole en public par Georges Peillon (conseiller, formateur et assistant en communication de crise).

« 90 % de la réussite réside dans la préparation de l'intervention. Que personne n'en doute, si on a fait appel à vous, c'est que vous êtes le plus à même de parler du sujet à traiter... Cela signifie que vous devez mettre toutes les chances de votre côté.

Très inégaux en situation de prise de parole, les uns entreront directement en relation avec leur public, tandis que d'autres auront besoin d'un échauffement, c'est-à-dire de répétitions. Parler en public, c'est un peu comme lorsque vous êtes assis sur une chaise : il faut quatre pieds pour être stable.

- **Le sujet.** Êtes-vous la meilleure personne pour parler de ce sujet ? Si la réponse est négative, préférez renoncer plutôt que de vous lancer dans une aventure qui comporte des risques, dont principalement, l'image que vous allez renvoyer aux autres. Si, par contre, vous êtes l'expert en la matière, vous ne pouvez échapper à cette requête. Il faudra dès lors penser à compter un temps de préparation suffisant pour préparer votre propos.
- **Le public.** Combien seront-ils ? Seront-ils initiés au propos ou faudra-t-il s'efforcer de le vulgariser ? Les réponses à ces questions sont indispensables si l'on veut tenir son public en haleine !
- **Le contexte.** Dans quelles conditions al-

lez-vous prendre la parole ? Quelles seront les conditions techniques ? Qui parlera avant et après vous ? Serez-vous enregistré ? À quelle heure prendrez-vous la parole ?
- **L'orateur.** Dans quel état d'esprit vous trouvez-vous ? Êtes-vous nerveux, stressé ? Dans ce cas, cela va se voir. Remémorez-vous des images apaisantes afin de contrôler la situation et tenter de diminuer le trac qui vous ronge. Faites quelques exercices de respiration.

Enfin, une anecdote. À l'occasion d'un séminaire regroupant 150 directeurs de communication, un intervenant devait présenter ce qu'était l'intelligence économique. Il s'agissait d'un des meilleurs spécialistes de la question, et pourtant son intervention s'est avéré être une catastrophe pour deux raisons. Tout d'abord, il lui fut impossible de dominer le trac qui le paralysait : ce ne fut que bafouillages et confusions. Ensuite, désireux de délivrer beaucoup d'informations, il se noya dans le support projeté à l'écran. Jusqu'à tard dans la nuit, il avait en effet modifié sa présentation en rajoutant puis en enlevant des informations. Après son intervention, personne ne comprenait davantage le concept d'intelligence économique...
En conclusion, il faut délivrer un discours simple (non pas simpliste), car ce qui compte, c'est ce que vous allez dire. Rien d'autre. »

FAQ

POURQUOI A-T-ON PEUR DE S'EXPRIMER EN PUBLIC ?

La glossophobie, ou peur de parler en public, provient essentiellement de la peur du jugement et du regard des autres. Elle peut également trouver son origine dans d'autres facteurs, tels que :

- la peur d'échouer ;
- la peur de dire n'importe quoi ;
- la peur de se ridiculiser ;
- la peur de vivre un moment de solitude ;
- et souvent, la combinaison de plusieurs de ces peurs.

Appliquez-vous à déceler ce qui vous effraie personnellement dans ce genre d'exercice en vous posant les bonnes questions – « Pourquoi ai-je si peur de prendre la parole en public ? » ou « Qu'est-ce que je risque à m'exprimer devant les autres ? » – pour pouvoir commencer le travail sur vous-même. Une fois ces sources identifiées, il vous sera plus facile de les affronter.

QUELS EXERCICES PRATIQUES AIDENT À SURMONTER SON STRESS ?

Exercices de respiration

Vous pouvez recourir à des exercices de respiration simples, qui vous permettent de vous concentrer sur votre rythme cardiaque et de le calmer. La respiration en carré ou en quatre temps et la respiration en mouvement, comme vues précédemment, sont simples et rapides à mettre en place. D'autres exercices de relaxation rapides vous permettront d'évacuer le stress :

- **le balayage,** qui consiste à positionner le bout des doigts des deux mains au milieu du front à la racine des cheveux et de les faire glisser ensuite vers les côtés jusqu'à ce qu'ils sortent du visage. Ce mouvement de balayage, répété trois fois sur une même zone, peut également être effectué sur les autres parties du visage (racine du nez, paupières, joues, bouche, menton, cou) ;

- **le quick sauna,** en frottant les mains énergiquement l'une contre l'autre jusqu'à ce qu'elles chauffent, en posant les paumes sur les paupières fermées et en respirant calmement jusqu'à ce que les paumes se refroidissent ;
- **les auto-massages,** que ce soit au niveau des tempes, du plexus ou des joues.

Par ailleurs, la respiration abdominale, agrémentée de quelques gestes, permet de se calmer significativement et de retrouver un rythme cardiaque normal et une sérénité corporelle. Procédez de la manière suivante :

- étape 1 : détendez vos muscles, posez une main sur votre ventre et fermez les yeux ;
- étape 2 : inspirez profondément par le nez en gonflant votre ventre tout en effectuant des massages autour de votre nombril ;
- étape 3 : expirez très lentement par la bouche tout en poursuivant les massages autour du nombril ;
- étape 4 : répétez l'exercice plusieurs fois, en vous concentrant sur l'inspiration et l'expiration par le ventre et sur les massages qui visent à détendre votre zone abdominale.

Exercices pratiques hérités du théâtre

Il existe également de nombreux exercices issus de pratiques théâtrales qui vous permettent de vous mettre en scène et de dédramatiser la prise de parole. Plus difficiles à mettre en œuvre en solitaire, quelques exercices sont malgré tout réalisables individuellement :

- parler le plus vite possible. L'intérêt est de développer l'imagination et l'aisance verbale en situation de stress. Il est possible par exemple de faire cet exercice avec une partie un peu plus difficile de votre présentation et d'essayer de présenter ou d'en expliquer les points le plus rapidement possible. Cette technique vous permettra, au final, de trouver des moyens plus rapides et simples d'expliquer certaines choses et donc de vous en sortir plus posément le jour J ;
- considérer chaque personne du public au lieu de tenir compte du groupe. Si c'est le regard des autres que vous appréhendez le plus, cet exercice vous aidera progressivement à surmonter ce regard. Si vous n'avez pas la possibilité d'effectuer cet exercice avec un nombre suffisant de personnes, vous pouvez

essayer à la sauvette : dans la rue en marchant et en regardant véritablement les personnes que vous croisez, ou en vous arrêtant dans une impasse, comme si vous attendiez quelqu'un, et en prêtant attention au regard que d'autres personnes poseront sur vous. Vous pouvez, par exemple, porter un vêtement de couleur pour attirer l'attention et ainsi avoir une vraie confrontation avec le regard des autres ;

- imaginer de façon réaliste ce que vous désirez voir se produire lors de votre présentation. Pour que cela fonctionne, il est nécessaire que la projection/visualisation soit réaliste et qu'elle s'appuie sur des éléments concrets. Vous pouvez donc vous imaginer la fin de votre présentation et les remarques émises par quelques personnes de votre public lors de discussions. Dans cet exercice, il est essentiel que vous fassiez attention aux sensations ressenties, à votre état d'esprit et aux sentiments éprouvés.

Comme chacun est différent, il convient de chercher, de tester et de s'approprier plusieurs exercices qui auront un réel effet sur la gestion de votre stress. Vous pouvez également participer à des ateliers ou à des cours de théâtre d'improvisation, qui vous aideront à travailler non seulement votre communication verbale, mais également votre communication non verbale et développer une certaine capacité à prendre de la distance sur l'image que vous renvoyez, en vue de déterminer lesquels auront un réel effet sur votre stress et votre appréhension. Appropriez-les vous !

COMMENT BIEN PRÉPARER SON INTERVENTION ?

Une bonne préparation nécessite du temps et de la ténacité. En effet, il faut vous préparer à l'idée que vous allez répéter plusieurs fois votre discours, changer des éléments, en somme, tourner votre présentation dans tous les sens jusqu'à ce que vous l'ayez complètement intégrée.

Globalement, vous devez penser à :

- vous poser les bonnes questions dès le début ;
- chercher les informations qui pourraient vous manquer ;
- faire un plan clair pour pouvoir délivrer un message précis, percutant et professionnel ;

- travailler la forme en répétant encore et encore ;
- penser à une accroche qui permette d'attirer l'attention du public dès le début.

QUELLES SONT LES ERREURS À NE PAS COMMETTRE ?

Nombreux sont les écueils à éviter. Parmi les erreurs à ne pas commettre :

- négliger son auditoire ;
- négliger sa préparation ;
- jouer un rôle ;
- être trop sérieux et distant ;
- lire sa présentation PowerPoint ;
- lire ou réciter ses notes ;
- utiliser des parasites de langage (« euh », « donc », « du coup », etc.) ;
- rester figé.

Mettez tout en œuvre pour susciter et garder l'attention de votre public !

QUE FAIRE SI JE PERDS LE FIL DE MA PRÉSENTATION ?

Il n'est pas rare de perdre le fil de ce qu'on était en train de dire sous l'effet de l'hyper-concentration ou après une interruption. Pas de panique ! Si cela vous arrive, attrapez vos notes pour y jeter un rapide coup d'œil. Les astuces visuelles, que vous aurez mises au point en amont, vous aideront à retrouver vos esprits et à poursuivre sereinement votre exposé. Pensez, par exemple, à organiser vos aide-mémoire :

- d'un côté votre discours rédigé ;
- de l'autre, le plan de votre intervention, schématique et visuel.

COMMENT GARDER SON SANG-FROID FACE À UNE QUESTION PIÈGE ?

Gérer ses réactions et garder son sang-froid sont des automatismes qu'il vous faudra rapidement adopter : ils s'acquerront au fil de vos expériences de prise de parole. En plus d'améliorer la qualité de vos présentations au travail, cela vous servira dans la vie de tous les jours.

Gardez en tête que le public n'est en principe pas là pour vous piéger ou vous mettre mal à l'aise. Tout le monde connaît la difficulté qu'induit ce genre d'exercice et si une question à laquelle vous n'aviez pas réfléchi vous est posée, ne vous précipitez pas. Prenez le temps de réfléchir et de répondre à votre aise, car finalement c'est VOUS qui dirigez l'intervention, alors profitez-en !

Enfin, bien que vous ayez préparé le contenu de votre présentation, vous n'êtes parfois pas un expert en la matière. Osez dès lors admettre votre connaissance approximative du sujet en répondant par exemple « je ne suis pas capable de vous répondre pour l'instant » ou « je ne veux pas dire de bêtises ». D'ailleurs, paraît très prétentieux celui qui pense tout connaître sur un sujet. N'hésitez donc pas, si la situation s'y prête, à prendre les coordonnées de la personne et à la recontacter après avoir effectué quelques recherches supplémentaires.

FAUT-IL AVOIR PEUR DES SILENCES ?

Les silences peuvent s'avérer très déstabilisants pour certaines personnes. Or, parler rapidement et combler chaque seconde, pour compenser son stress et en finir le plus rapidement possible avec une présentation, provoquera certainement le désintérêt instantané du public. Optez donc pour un comportement qui paraîtra posé, naturel et profond.

Les silences sont utiles pour deux raisons qui sont liées :

- la respiration ;
- un débit de parole plus modéré.

Attention à ne pas non plus tomber dans le cas inverse et de parler beaucoup trop lentement ou d'abuser des silences. C'est comme pour tout, il faut trouver le juste équilibre ! Et la pratique vous aidera beaucoup dans cette tâche.

UNE PRÉSENTATION DE TYPE POWERPOINT EST-ELLE TOUJOURS NÉCESSAIRE ?

À première vue, tout porte à croire que de la thématique – que vous comptez aborder –, ainsi que du contexte – dans lequel vous délivrez votre intervention – dépend la nécessité d'un support visuel. On constate pourtant qu'il est devenu plutôt rare qu'une prise de parole ne s'accompagne pas d'un support visuel (de type PowerPoint). Cet outil s'est, en effet, progressivement imposé et semble désormais indispensable pour toute présentation. Elle est conseillée dans le cadre de :

- une présentation qui dure plus de 20 minutes ;
- une présentation complexe ou brassant beaucoup de chiffres.

En choisissant de présenter un support visuel comprenant des informations structurées et réutilisables, vous facilitez la compréhension des personnes à qui vous vous adressez. Ce support vous aidera également à retenir de nombreuses données, car une intervention de plus de 20 minutes implique un contenu plutôt dense.

Pour certaines présentations, notamment des réunions en interne, il peut être intéressant et formateur de se lancer de temps à autre sans support PowerPoint et de miser sur vos capacités d'orateur grandement renforcées par la pratique. Lancez-vous des défis, c'est comme cela que vous finirez par apprécier la prise de parole.

À VOUS DE JOUER !

Réussir à parler en public, à convaincre et à délivrer un message est à la portée de tous, car il est possible d'évincer toute source potentielle de stress, en les contournant ou en les combattant grâce à la mise en place d'un certain nombre d'astuces personnelles !

1. Commencez donc par cibler les causes du stress.
2. Découvrez les peurs associées.
3. Imaginez des plans d'action pour améliorer la situation et dépasser ce qui vous empêche d'avancer.

La prise de recul nécessaire pour mieux avancer

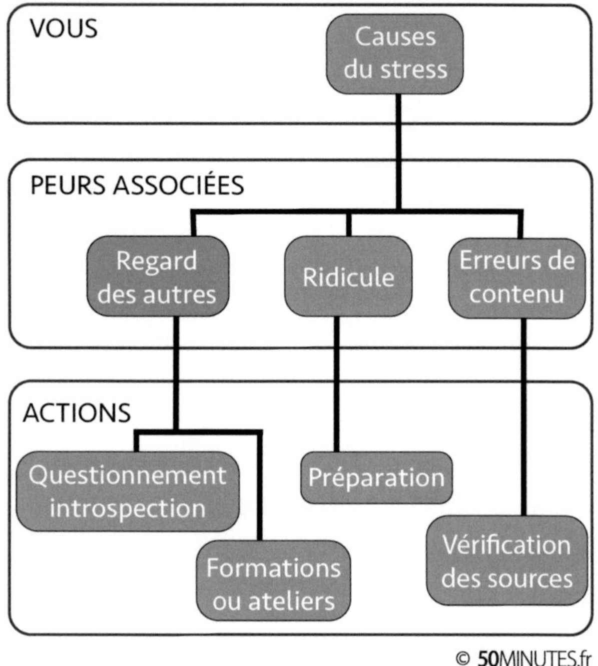

Puisque tout est une question de préparation et de travail, considérez ce qui vous ralentit ou vous pose problème et consacrez-y plus de temps. Vous seul pouvez décider de vous sortir de cet engrenage, alors à vous de jouer !

Votre avis nous intéresse !
Laissez un commentaire sur le site de votre
librairie en ligne et partagez vos coups de cœur sur
les réseaux sociaux !

POUR ALLER PLUS LOIN

SOURCES BIBLIOGRAPHIQUES

- FRANC DESAGE (Caroline), « Comment gérer la peur de parler en public ? », in *L'Express.fr*, 19 mai 2014.
  http://www.lexpress.fr/styles/psycho/glosso-phobie-comment-gerer-la-peur-de-parler-en-public_1537311.html

- GANNAC (Anne-Laure), « Parler face au public », in *Psychologies.com*, 2002.
  http://www.psychologies.com/Moi/Moi-et-les-autres/Timidite/Articles-et-Dossiers/Oser-se-parler/Parler-face-au-public

- GRANGE (Philippe), *Prise de parole en public à l'usage des managers et des communicants*, Paris, Faits & Chiffres, 2013.

- HOLMES (Lindsay), « Bienfaits d'une bonne posture sur le stress, la productivité… : 6 raisons de bien vous tenir droit », in *The Huffington Post*, 8 octobre 2014. http://www.huffingtonpost.fr/2014/10/08/bienfaits-posture-stress-producti-vite-tenir-droit_n_5943986.html

- ROUDEN (Elsa), « 6 exercices de relaxation contre le stress », in *Femina.fr*, 9 août 2011. http://www.femina.fr/Sante-Forme/Bien-etre/6-exercices-de-relaxation-contre-le-stress

- SEMEUNACTE (Mohamed), « 7 techniques d'orateur efficace (et intéressant... pour changer) », in *Semeunacte.com*, 15 janvier 2014. http://semeunacte.com/orateur-efficace

- SORZANA (Catherine), *La prise de parole en public*, Paris, Victoires Éditions, 2010.

www.50minutes.fr

ISBN ebook : 978-2-8062-6233-2
ISBN papier : 978-2-8062-6246-2
Dépôt légal : D/2015/12603/55
Photo de couverture : © Monkey Business - Fotolia.com

Conception numérique : Primento,
le partenaire numérique des éditeurs